L'ARBRE DE JESSÉ

ET LA

VIE DU CHRIST

VITRAUX DU XIIIe SIÈCLE

DE LA CATHÉDRALE D'ANGERS

PAR

X. BARBIER DE MONTAULT

PRÉLAT DE LA MAISON DE SA SAINTETÉ

ANGERS

IMPRIMERIE-LIBRAIRIE GERMAIN ET G. GRASSIN

RUE SAINT-LAUD

—

1887

L'ARBRE DE JESSÉ ET LA VIE DU CHRIST

VITRAUX DU XIII° SIÈCLE

A LA CATHÉDRALE D'ANGERS

Le chœur de la cathédrale d'Angers a eu la bonne
fortune de conserver presque intacte sa garniture de
vitraux du XIII° siècle. Je dis *presque*, car un vitrail entier
fait défaut, plusieurs ont été rognés à la partie inférieure
et quelques-uns ont eu les vides comblés par des fragments
d'une autre époque.

L'ensemble comporte seize grandes verrières historiées,
toutes, moins deux, à sujets légendaires[1]. Le chœur ayant
été construit en 1274[2], ces verrières datent à peu près de
cette époque; toutefois, celles qui avoisinent le transept
sont d'un XIII° plus avancé, ce qui est facile à constater à
leur style d'abord, puis à leur fond d'un si beau bleu qu'il
éteint par son intensité l'azur moins brillant des autres
fenêtres.

[1] Les fenêtres se succèdent dans cet ordre en faisant le tour du
chœur de gauche à droite : S. Pierre, S. Eloi, S. Martin, S. Laurent,
Arbre de Jessé, S. Julien (*bis*), S. Pierre (xvi° siècle). S. Christophe
(*idem*), S. Maurille (*bis*), Vie du Christ (*bis*), S. Martin, S. Jean-
Baptiste et S. Thomas de Cantorbéry.

[2] « Le chœur est plus récent que la nef et le transept : on sait la
date précise de sa construction ; il ne fut élevé qu'en 1274 par le
chapitre... L'architecture du chœur actuel a tous les caractères de
la seconde moitié du xiii° siècle » (G. d'Espinay. *Not. archéolog.*.
t. I, p. 95.)

J'avais projeté la monographie des vitraux de la cathédrale et déjà j'avais réuni quelques notes à ce sujet. Je ne l'écrirai jamais, maintenant que je suis loin d'Angers et, d'ailleurs, les éléments que j'ai à ma disposition ne sont pas suffisants pour une étude complète et suivie. Toutefois, une pareille entreprise n'ayant encore tenté personne et mes notes restant inutilisées dans mes cartons, je crois à propos de les en tirer, au moins pour décrire les vitraux que je connais le mieux [1].

Je commencerai aujourd'hui par les trois qui occupèrent à l'origine le fond de l'abside : leur situation et leur iconographie fixent particulièrement l'attention. Ce n'est pas sans dessein qu'ils ont été mis à cette place et ainsi rapprochés les uns des autres. L'intention de l'artiste est trop évidente pour qu'on s'y méprenne un instant.

Le soleil se lève à l'orient et remplit le chœur de ses feux par la fenêtre centrale. Or le Christ a été proclamé par l'Évangile [2] et la liturgie [3], le soleil véritable, qui illumine les âmes et dissipe les ténèbres amoncelées par le péché. Quelle fenêtre pouvait donc mieux convenir que celle-ci pour représenter les différents traits de sa vie mortelle, de sa naissance mystérieuse à sa résurrection glorieuse ?

De plus, le Christ est né de la race de David, d'une suite d'ancêtres rois de Juda et les prophètes ont annoncé sa venue. C'est pourquoi l'Arbre de Jessé précède la vie, comme sa préparation et son complément indispensable. Ce vitrail, en réalité le premier selon l'ordre chronologique,

---

[1] L'occasion est propice, puisque M. Lucien Magne, architecte des monuments historiques, a exposé récemment à Paris, à l'Union centrale des Arts décoratifs, les photographies des vitraux de la cathédrale.

[2] « Per viscera misericordiæ Dei nostri, in quibus visitavit nos oriens ex alto, illuminare his qui in tenebris et in umbra mortis sedent, ad dirigendos pedes nostros in viam pacis. » (S. Luc., I, 78-79.)

[3] « O oriens, splendor lucis æternæ et sol justitiæ, veni et illumina sedentes in tenebris et umbra mortis. » (Ant. O de l'Avent.)

— 5 —

cède le pas cependant à celui dont il n'est pour ainsi dire
que l'accessoire, mais, comme il est consacré entièrement
à l'ancien Testament, il occupe, au nord, la place constamm-
ment assignée à celui-ci par le moyen âge. Ce n'est pas, il
est vrai, le plein nord, comme à Saint-Serge, où les prophètes sont les précurseurs des apôtres, qui leur ont été
mis en regard au midi, mais le nord-est, comme à la Sainte-
Chapelle de Paris, afin d'exprimer d'une façon plus saisiss-
sante le rapport intime qui unit les deux fenêtres. L'une
présage la lumière que l'autre déverse.

Enfin, le Christ s'est proposé lui-même en exemple et
nous ne serons sauvés qu'autant que nous aurons été ses
imitateurs[1]. Qui l'a mieux imité, reproduit, continué, que
les saints[2]? Voilà pourquoi, dans les autres verrières,
nous trouvons, groupés autour du Maître, l'élite de ses
disciples.

Telle est la pensée générale qui a présidé à l'exécution
de cette pieuse et savante composition. Pénétrons maintenant jusqu'aux détails, pour mieux nous rendre compte
de la manière dont ce thème a été interprété et réalisé.

Les vitraux de l'Arbre de Jessé et de la vie du Christ ont
été traités ailleurs avec plus de développement qu'à
Angers[3]; nous en profiterons pour élucider les points
obscurs et insister sur certaines particularités que le
défaut d'espace a pu seul faire omettre.

---

[1] « Exemplum enim dedi vobis ut quemadmodum ego feci vobis,
ita et vos faciatis. » (S. Joann., XIII, 15.)

[2] « Imitatores mei estote, sicut et ego Christi. » (S. Paul., I ad
Corinth., XI, 1.)

[3] Vitraux du XIIe siècle : à Chartres, à Saint-Denis. Vitraux du
XIIIe : à Reims, à Amiens, à Bourges, à Tours, à la Sainte-Chapelle,
au Mans, à Troyes.

I

L'Arbre de Jessé[1], dans son état actuel, offre vingt-et-un panneaux ; primitivement, il dut y en avoir trois de plus, soit vingt-quatre en tout.

Ces panneaux, de forme rectangulaire, sont dessinés par l'armature même du vitrail, qui se compose de trois grandes barres de fer verticales, coupées à angle droit par sept barres horizontales.

Les tiges debout donnent la division normale du sujet : au milieu s'étend l'Arbre généalogique, qu'escortent les prophètes, étagés à droite et à gauche sur sept rangs.

Le fond du vitrail est bleu, avec une bordure rouge.

Jessé couché manque à la partie inférieure, car c'est de lui que sort l'Arbre qui porte son nom.

Cet Arbre est une vigne, ce qui se reconnaît aux grappes de raisin qu'elle produit, vigne mystique à laquelle le Sauveur lui-même s'est comparé[2]. Elle monte droit ; se bifurquant à chaque personnage, elle l'enveloppe comme d'une auréole à fond rouge et lui présente deux rinceaux entrecroisés pour s'asseoir : d'autres rinceaux jaillissent des deux côtés pour montrer la vivacité de sa sève.

[1] La liturgie consacre une des antiennes O de l'Avent à l'Arbre de Jessé : « O radix Jesse, qui stas in signum populorum, super quem continebunt reges os suum, quem gentes deprecabuntur, veni ad redimendum nos, jam noli tardare. » Dans l'office de la Circoncision se trouve cette antienne : « Germinavit radix Jesse, orta est stella ex Jacob ; Virgo peperit Salvatorem. » Le verset alléluiatique est ainsi conçu dans la messe votive de la Vierge : « Virga Jesse floruit, Virgo Deum et hominem genuit, pacem Deus reddidit, in se reconcilians ima summis. » — Voir sur l'iconographie de l'Arbre de Jessé une brochure du chanoine Corblet, extraite de la *Revue de l'Art chrétien* et les observations du chanoine Auber, *Hist. et théor. du symbolisme*, t. III, p. 277.

[2] « Ego sum vitis vera. » (S. Joann., XV, 1.)

Les ancêtres sont au nombre de cinq ; rois, ils portent la couronne, la tunique ceinte à la taille, un manteau par dessus et des chaussures aux pieds.

David est figuré le premier[1]. Son visage est imberbe ; la tête penchée, il écoute les accents de sa harpe qu'il pince des deux mains : les ouïes de l'instrument sont découpées en quatrefeuilles et la partie supérieure est sculptée d'une tête d'animal.

Le second roi, barbu, tient un sceptre tréflé et de la droite montre le désiré des nations : ce doit être Salomon.

Le troisième est un jeune homme qui, sa viole sous le menton[2], promène un long archet sur les cinq cordes qui la rendent sonore.

Le quatrième a aussi un sceptre : son geste répète celui du second ancêtre.

La Vierge occupe l'avant-dernier médaillon. Chaussée, nimbée, voilée, elle est vêtue d'une robe jaune et d'un manteau bleu ; de la main droite elle tient un sceptre[3], et de la gauche s'accroche à l'arbre dont elle tire la vie[4].

[1] Viollet-le-Duc, *Dict. d'architt.*, au mot *Arbre de Jessé.*
« Quid micat in generatione Mariæ? Plane quod ex regibus orta, quod ex semine Abrahæ, quod generosa ex stirpe David.. Quod longe ante eisdem patribus cœlitus repromissa, quod mysticis præfigurata miraculis, quod oraculis prænuntiata propheticis. » (S. Bernard., *De Virg. Deip.*, I.)
« A carnalibus autem cœpit (Matthæus) ut per hominem Deum discere incipiamus. Filii David, filii Abraham,.. Horum filium nuncupavit, quia ad hos tantum est facta de Christo repromissio... Ad David : De fructu ventris tui ponam super sedem tuam, » (S. Hieronym.. *Comm. in Matth.*, lib. I.)
« Cur ergo commemoravit (Matthæus) priorem David? Quia ipse procul dubio in omnium versabatur ore, ob insigne honoris et gloriæ, ob ipsius quoque temporis spatia junctiora... Ipsi namque Judæi dicunt : Nonne ex semine David... Nemo igitur illum (Christum) filium Abrahæ, sed omnes filium David nominabant : qui etiam honorabiliores quosque de sanctitate reges, qui post David fuisse referuntur, ab illo omnes vocabant. » (S. Joann. Chrysost., *Hom.*,)
[2] A la Sainte-Chapelle, la viole est attribuée au premier roi.
[3] Au Mans, elle est couronnée et tient dans sa main gauche une palme d'or, en signe de triomphe, comme à son Assomption, à N.-D. de Paris (xive siècle). A la Sainte-Chapelle, elle a un sceptre, comme à Angers.
[4] « Jesu, flos matris virginis, » a dit saint Bernard dans le *Jubilus*

A ses pieds, à droite, le donateur agenouillé la supplie, les mains jointes ; chanoine de la cathédrale, malheureusement anonyme, il a pour insigne un surplis blanc à grandes manches et une chape traînante, de couleur bistre[1].

Enfin, tout en haut, le Christ, pieds nus et la tête entourée d'un nimbe jaune croisé de noir, comme il est convenu pour la divinité, bénit à trois doigts et de la main gauche tient le livre des évangiles, à couverture bleue et fermoir : sa tunique est verte, sa ceinture jaune, son manteau violacé.

De chaque côté et au-dessus de lui, sept colombes, posées

---

rhythmicus que Rome a adopté pour la fête du saint Nom de Jésus.

Saint Jérôme, dans son Exposition sur le prophète Isaïe (V. au Bréviaire romain les leçons du 2ᵉ nocturne du 2ᵉ dimanche de l'Avent), explique ainsi ce qu'il faut entendre par la *tige* et la *fleur* de la *Souche de Jessé* :

« Nos autem virgam de radice Jesse sanctam Mariam Virginem intelligamus, quæ nullum habuit sibi fruticem cohærentem : de quâ et suprà legimus : Ecce Virgo concipiet et pariet filium. Et florem, Dominum Salvatorem, qui dicit in Cantico Canticorum : Ego flos campi et lilium convallium. »

[1] Chaque chanoine, à son installation, était tenu de fournir une chape au chapitre.

En voici l'origine :

Nicolas Geslant, à la fin du xiiiᵉ siècle, avait fait décider qu'à l'avenir chaque chanoine donnerait une chape de soie, valant douze livres, dans les trois ans qui suivraient la prise de possession de sa prébende. S'il la quittait, il n'en était pas moins tenu de fournir le don de joyeux avènement et, au besoin, on recourait après la mort aux héritiers. Au siècle dernier, cette chape était payée 200 livres.

« Anno 1272. Item quia scriptum est quod templum Domini ornatum fuit ab antiquis, etiam coronis aureis, et psalmita dicit : *Domine, dilexi decorem domus tuæ,* domus Dei decoranda est. Statutum est quod quilibet canonicus, de cetero in Ecclesia Andegavensi creandus, infra triennium assecutionis prebendæ suæ, teneatur ad unam capam sericam, valoris duodecim librarum, facere et dare Ecclesie Andegavensi, ad ipsam Ecclesiam decorandam, statuentes ut si prefatum canonicum infra dictum triennium fructum prima residentia et completa ab eodem in Ecclesia vel extra, cedere vel decedere contingat, nihilominus capam facere et dare superius nominatam. » (*Rev. de l'Art chrét.*, 1884, p. 271.)

sur des feuilles [1], versent sur lui les sept dons de l'Esprit saint [2] : la plus haute a seule un nimbe rouge uni.

Les prophètes, au nombre de quatorze, sont répartis en deux groupes, sept de chaque côté. Leurs pieds chaussés foulent un sol ondulé et fleuri. Vêtus d'une longue robe, recouverte d'un manteau, ils se tiennent debout et affrontés, c'est-à-dire en regard les uns des autres. D'une main ils déroulent un phylactère, resté vide [3], et de l'autre montrent le Christ qui doit venir [4]. Leur tête, nue ou coiffée du bonnet juif [5], est entourée d'un nimbe qui exprime la sainteté de leur vie [6] : ce nimbe est indifféremment rouge, bleu, jaune [7]. Des deux plus élevés, l'un désigne plus particulièrement la Vierge et l'autre ce Christ : ce dernier a un rouleau au lieu d'une banderole.

[1] Pierre de Capoue s'exprime ainsi au sujet de ces sept feuilles : « Quomodo Christum adornant septem frondes donorum. Rosa frondes habet circumquaque expansas et rosam Christum illæ septem frondes circumquaque adornant, de quibus ait Isaias : « Flos de radice ejus « ascendet et requiescet super eum Spiritus Domini, spiritus « sapientiæ et intellectus, spiritus consilii et fortitudinis, spiritus « scientiæ et pietatis, et replebit eum spiritus timoris Domini. (Isaï., XI, 12.) » (*Spicil. Solesm.*, t. III, p. 491.)

[2] « Florem, ex virga Jesse incorruptum, sempiternum, super quem tota divini Spiritus gratia requievit. » (*Tertullian.*)

[3] « Et super los fuelhages, in quibus sunt VI parvi parqueti, depinget (Josse Lifferin, à Marseille, en 1497), sex prophetas et quilibet eorum tenebit in manu unum rotulum in quo describetur nomen prophete. » (*Bullet. du Com. des trav. hist., Arch.*, 1884, p. 252.)

[4] Ils font le même geste sur le vitrail de la cathédrale de Troyes.

[5] Voir sur le bonnet juif Viollet-le-Duc, *Dictionn. d'arch.*, aux mots *Arbre de Jessé* et *Eglise*.

[6] « Et bene adnotavit Maldon. *in Matth.*, cap. II, p. 232 : « Quia « enim prophetæ, sancti et esse solebant et habebantur. » Viri sancti etiamsi prophetæ non essent, prophetæ vocabantur, quo sensu passim videmus Christum a Judæis prophetam appellari, non quod futura prædiceret, sed quod suam miraculis sanctitatem declararet. » (*Discursus Pr. Lambertini de S. Joseph, apud Analecta juris pontificii,* 1859, col. 1519.)

[7] Le nimbe et la nudité des pieds sont propres aux apôtres : quelquefois le moyen âge en a aussi gratifié les prophètes. A Saint-Denis, ils sont tête nue, pieds nus et sans nimbe ; à la Sainte-Chapelle, ils ont le nimbe, la chaussure et le phylactère. Sur une étoffe historiée du XIIe siècle, reproduite par le chanoine Bock dans son ouvrage sur les vêtements sacerdotaux (livr. II, pl. 3), ils sont nimbés et pieds nus.

A Chartres, sur un vitrail du xiii⁰ siècle, les prophètes sont aussi au nombre de quatorze. Une inscription, écrite sur leur phylactère, les nomme et les qualifie ensuite de prophète : *propheta*. Ce sont, de bas en haut : Nahum (Naum), Osée, Amos (Amoon), Samuel, Michée, Ézéchiel, Johel, Zacharie, Moïse, Balaam, Isaïe (Isaias), Daniel, Sophonias, Abacuc (Abacud). Tous sont accompagnés, soit d'une colombe qui les inspire, soit d'une main qui descend du ciel pour les diriger. Tête nue ou coiffés d'un turban ou d'un simple bandeau, ils n'ont pas de nimbe, mais, en revanche, leurs pieds sont nus, comme aux apôtres. Ils regardent en haut et montrent du doigt Celui qu'ils appellent de leurs vœux [1].

Les ancêtres n'ont pas de nom, leur seul insigne est une couronne ; ils sont barbus et chaussés.

Tous ces personnages sont assis sur le tronc de l'arbre, et tiennent de chaque main une de ses branches.

Le fond du vitrail est bleu pour les ancêtres, rouge pour les prophètes, ainsi qu'à la Sainte-Chapelle.

Le Christ, en robe verte et manteau, est conseillé par sept colombes sans nimbe. Chacun des sept dons est inscrit sur une banderole sous cette forme : *Sapientia, Intellectus, Consilium, Fortitudo, Sciencia, Pietas, Timor*.

Jessé, couché sur un lit, au-dessus duquel brûle une lampe [2], dort, pieds nus ; l'arbre sort de son ventre [3], pour mieux exprimer la génération charnelle [4].

---

[1] Les prophètes étaient aussi appelés *voyants*. « Les mots *voir* et *voyant*, en hébreu, signifient aussi *prophétiser, prévoir*, prophète. » (J. de Félicité, *La régénération du monde*, p. 75.)

« Isaias quoque et Michæas et multi alii prophetæ viderunt gloriam Domini, qui et propterea *videntes* sunt appellati ; sed hi omnes a longe aspicientes et salutantes, per speculum et in ænigmate viderunt. » (Homil. Bedæ in cap. X S. Lucæ.)

[2] Cette lampe indique la nuit.

[3] A Saint-Denis, à la Sainte-Chapelle, à Laon, l'arbre prend également racine dans le ventre. Plus tard, au xvᵉ siècle, quand on spiritualisa la chose, l'arbre partit du cœur ou de la tête. A Cologne, nous trouvons une phase intermédiaire, l'arbre sort de la cuisse.

[4] *Monogr. de la cath. de Chartres*, pl. 58, feuilles A, B, C.

A Saint-Cunibert de Cologne, un autre vitrail du xiii° siècle nous permet de rétablir les oracles des prophètes, qui atteignent aussi le chiffre quatorze.

Ysaias.	*Egred. virga de radice* [1].
Ezechiel	*Doms (Dominus) solus ingrediet* [2].
	Ecce Agnus Dei et qui to [3]
Johel.	*Dons de Syon et* [4]
	Jerusalem d... [5].
	Ecce dns egrediet [6]
	Terra tm alleva
	Ds ab austro veniet [7]
	In die illa stillabunt [8]
	Ecce veniet desideratus [9]
	Ecce super montes pedes [10]

Grâce à ces deux vitraux, contemporains de celui d'Angers, les rois et les prophètes sont désignés par leur nom, nous connaissons les prophéties qui ont annoncé le

---

[1] Isai., XI, 12.

[2] La vérification de ces textes est fort difficile : la concordance ne donne pas celui d'Ézéchiel.

[3] Saint Jean-Baptiste fut le dernier des prophètes : l'ordre chronologique n'a donc pas été respecté. Sa prophétie est connue : « Ecce Agnus Dei qui tollit peccata mundi. » (S. Joann., I, 36.)

[4] « Dominus de Sion rugiet. » (Joel, III, 16.)

[5] « De Jerusalem dabit vocem suam. » (Amos, I, 2.)

[6] « Ecce Dominus egredietur de loco suo. » (Miche., I, 3.)

[7] « Deus ab austro veniet. » (Habacuc, III, 3.)

[8] « In die illa stillabunt montes dulcedinem. » (Joel, III, 18.) Ce texte fait double emploi pour Joel.

[9] « Et veniet desideratus cunctis gentibus. » (Agg., II, 8.)

[10] « Ecce super montes pedes evangelizantis et annunciantis pacem. » (Nahum, I, 15.)

Voici les six oracles des prophètes du vitrail de Saint-Denis : *Confirmabit pac* (« Confirmabit autem pactum multis, » Daniel, IX, 27.) — *Pariet filium et vo* (« Ecce Virgo concipiet et pariet filium et vocabitur nomen ejus Emmanuel, » Isai., VII, 14.) — *Dominus de Sio* (« Dominus de Sion rugiet, » Joel, III, 16.) — *Ego quasi agnus ad victimam* (« Deducam eos quasi agnos ad victimam, » Jerem., LI, 40.) — *Erui te* (« Eruam te, dicit Dominus, » Jerem., XV, 20.)

Christ; nous savons, conformément à l'Écriture, les sept
dons qui l'éclairent et enfin nous voyons la souche même
de l'arbre, Jessé[1].

II

La fenêtre centrale de l'abside est partagée en deux
baies par un meneau ; ces baies, terminées en ogive, sont
abritées par une grande ogive, dont le tympan est rempli
par un quatrefeuilles.

Chaque baie comprenait seize panneaux : il n'en reste
plus que quatorze, la partie inférieure ayant été systéma-
tiquement supprimée, comme à toutes les autres fenêtres.
L'armature très simple, par sa barre de fer verticale que
coupent des barres horizontales, délimite les panneaux,
qui se lisent de bas en haut et de gauche à droite, ainsi
que dans un livre.

La première baie a ses panneaux, pour plus de grâce,
découpés en quatrefeuilles, avec angles saillants au point
de rencontre des lobes arrondis. Ils sont contournés d'une
double bordure rouge et blanche, cette dernière perlée.
Des losanges rouges, bordés de vert, unissent les quatrefeuilles les uns aux autres : deux vergettes de fer
rattachent chaque médaillon à l'armature.

Le fond est bleu, treillissé de rouge, avec un point jaune
aux intersections des tiges et un quatrefeuilles dans chaque
caisson, ressortant sur un lit de hachures.

---

[1] Au xv° siècle, l'Arbre de Jessé a été sculpté aux clefs de voûte
de la nef de l'église Saint-Serge, à Angers et, pour rendre les
médaillons plus saillants, on les a rehaussés de couleurs. Le
premier médaillon, près de la grande porte, représente Jessé. couché;
l'arbre sort de son ventre et David occupe le premier rameau. Au
second médaillon, deux rois, coiffés du bonnet juif et tenant un
phylactère ; au troisième, la Vierge couronnée; au quatrième, le
Christ, nimbé, couronné et imberbe, une colombe sur la tête.

Cette baie de gauche a été transportée à droite dans une des lancettes de l'abside; on lui a substitué un grand saint Christophe du xvi° siècle.

L'ordre des médaillons a été interverti, je dirai l'état actuel et la restitution qu'il serait facile d'opérer. Pour plus de clarté, je numéroterai les sujets.

15	16
13	14
11	12
9	10
7	8
5	6
3	4
1	2

1. Ce médaillon a disparu et a été remplacé, ainsi qu'au n° 2, par une allège en maçonnerie. Le sujet n'est pas douteux : il ne peut être autre que l'Annonciation, d'après l'ensemble même de la verrière, car ici commence en réalité la vie du Christ; d'ailleurs, la Visitation présuppose l'Annonciation. Je n'ai pas retrouvé ailleurs ce panneau et c'est regrettable. Toutefois, le sujet est si connu qu'il n'offrirait aucune difficulté à rétablir dans ses données primitives.

2. *Visitation*. Ce médaillon, remonté au n° 8, doit être descendu ici, comme l'exige la suite chronologique de la vie.

La rencontre a lieu en avant d'une maison, surmontée d'un dôme à la manière orientale ; la porte, peinte en bleu, est bardée de pentures tréflées. Les deux saintes femmes, nimbées, s'enlacent de leurs bras et se baisent à la joue. Marie porte une robe verte et un manteau rouge qui lui remonte sur la tête ; Élisabeth, âgée, est vêtue d'une robe bistre et d'un manteau bleu qui lui sert de voile.

3. *Nativité*. Marie, sans nimbe, ce qui est une exception, est couchée dans un lit à quatre pieds, dont le drap se relève de façon à couvrir le dossier ; elle a sous la tête un coussin vert ; au-dessus d'elle pend un rideau jaune, accroché en haut. Elle est entièrement vêtue : robe rouge, manteau bleu, voile blanc. Au fond, on aperçoit, en perspective et plus élevé, le berceau de l'Enfant, exhaussé sur quatre montants ; le petit Jésus, emmailloté et nimbé d'un nimbe vert croisé de noir, y est étendu sur une draperie rouge ; le bœuf et l'âne, dont on ne voit que la tête, le réchauffent de leur tiède haleine.

4. *Bain du nouveau-né*. Ce panneau a été maladroitement reporté au n° 14. La sage-femme, Anastasie ou Salomé, en robe verte et manteau bistre, verse de l'eau sur la tête et le corps de l'enfant, debout dans une cuve qui a la forme d'un calice[1] : la coupe est godronnée et le nœud découpé en quatrefeuilles.

5. *Annonce aux bergers*. Ce médaillon a été à tort reporté au n° 9, où il ne peut rester. L'ange est descendu

---

[1] Cette forme en calice se constate aussi au xii° siècle, au portail de N.-D. de Poitiers. et au xiii° sur la châsse des grandes reliques, à Aix-la-Chapelle. (*Annal. arch.*, t. XXVI, p. 344.)

à terre; ses ailes blanches indiquent le repos, étant abaissées. Il a un nimbe jaune, une tunique verte et un manteau rouge qu'il retient de la main droite; l'autre main gesticule, l'index levé. Devant lui se tient un berger, tête nue, près de ses deux moutons qui paissent; il porte un double vêtement, jaquette blanche ne descendant pas au-delà des genoux et manteau court, de couleur bistre, par dessus. Appuyé sur sa houlette, recourbée à la partie inférieure, il écoute respectueusement le messager céleste.

6. *Purification*. Ce médaillon a été remonté au n° 12. Marie présente au temple l'enfant Jésus. Le sujet paraît douteux. Je ne lui trouve pas d'autre place qu'ici, quoique je sache bien qu'il serait préférable de le voir figurer après le massacre des Innocents. S'agirait-il de la Circoncision? Je ne le pense pas, cette scène ne faisant pas alors partie du cycle historique.

7. *Apparition de l'étoile* : à prendre au n° 13. Un mage à cheval se détourne et montre l'étoile qui brille au ciel.

8. *Marche des Mages*. Ce médaillon fait défaut, mais il est facile d'y remédier, le parallélisme exigeant, en vis-à-vis du médaillon précédent, les deux autres mages, également à cheval.

9. *Arrivée à Jérusalem*, à prendre au n° 11. Deux mages, couronnés, montés sur des chevaux à selles ornées, les pieds dans les étriers, s'avancent, montrant par le geste de leur main droite, qu'ils ont atteint leur but.

10. *Visite à Hérode*, c'est le n° 4 de la verrière actuelle. Le troisième mage, à couronne verte pour imiter le bronze, tunique bistre, manteau bleu et souliers rouges, s'incline devant Hérode et lui fait part du motif de sa démarche. Hérode est assis sur un banc, décoré d'arcatures, avec un escabeau pour les pieds et un coussin rouge au siège; ses

souliers sont allongés, sa tunique rouge et son manteau vert. Sa dignité s'affirme par la couronne qu'il a sur la tête et le sceptre à trois fleurons qu'il tient dans la main. Son geste est celui de la discussion.

11. *Épiphanie*. Ce médaillon est descendu au n° 5. Deux mages qui viennent de franchir les murs de Bethléem, debout, la tête détournée en arrière, causent entre eux du spectacle qu'ils ont sous les yeux. Ils sont barbus, chaussés et couronnés ; le premier a une tunique blanche, agrafée sur l'épaule, et un manteau rouge qu'il retient de la main droite, sa gauche faisant un geste affirmatif ; le second, en robe verte et manteau rouge, montre du doigt l'étoile qui les a guidés ; le présent qu'il tenait à la main est brisé. Cette scène a été traitée par l'artiste d'une manière délicieuse.

12. *Suite* (n° 6). L'étoile blanche qui luit au ciel s'est arrêtée sur la demeure de Marie. La Vierge, assise en majesté sur un banc à arcatures, couronne en tête, tient sur ses genoux l'enfant Jésus ; sa robe est blanche et son manteau bistre lui sert de voile. L'Enfant, vêtu d'une tunique bleue qui rappelle son origine céleste, accepte le présent qui lui est offert (ce présent est brisé) ; son nimbe est rosé avec croix noire. Le mage qui adore à genoux le nouveau-né est un vieillard, en robe rouge et manteau vert.

13. *Apparition de l'ange* (n° 7). Une arcade surbaissée, portée par une colonne, indique l'écurie où mangent, dans une auge bleue, décorée de ronds, les chevaux des trois mages : leur pelage est blanc, bleu et bistre. En avant, apparaît un ange, les pieds nus posés sur un nuage rouge ; son nimbe est également rouge, ainsi que son manteau qui recouvre une tunique verte. De ses deux ailes blanches, l'une est au repos, l'autre levée, pour

montrer que sa mission n'est que temporaire et qu'il reprendra bientôt son vol vers les cieux. Debout, au pied du lit où dorment les mages, il leur parle et de l'index levé leur intime l'ordre du ciel de retourner dans leur patrie par un autre chemin.

14. *Sommeil des Mages* (n° 8). Les mages, couronnés d'un bandeau perlé, vêtus d'une tunique longue et les pieds enveloppés de leurs manteaux, sont couchés dans un lit, large et allongé, que recouvre un drap blanc relevé au chevet. Leur tête repose sur un traversin jaune. Deux dorment profondément ; le troisième, réveillé, s'est assis sur son séant pour écouter l'ange.

15. *Massacre des Innocents*. Hérode, couronné, assis sur un banc en manière de trône, la gauche appuyée sur le genou en signe de résolution, de la droite levée donne l'ordre du massacre à un soldat, vêtu d'une jaquette courte et la lance au poing ; il porte une tunique rouge, serrée à la taille et un manteau vert que, pour parler plus librement, il a rejeté en arrière.

16. *Suite*. Le même soldat, debout, appuyé sur sa lance, regarde l'accomplissement des ordres qu'il a donnés ; en effet, un autre soldat transperce de son glaive un enfant qu'il tient par un bras ; une mère se précipite à terre pour ramasser le corps ensanglanté de son fils. Il y a là de curieuses représentations de chair sanglante.

La deuxième baie, transportée au côté droit de l'abside, varie tant pour le fond que pour le contour et le nombre des médaillons.

Ces médaillons, affrontés deux à deux, affectent la forme de disques aplatis, à fond bleu uni, bordés d'un double filet rouge et perlé (blanc), réunis par un quatrefeuilles à lobes arrondis. Le champ sur lequel se détachent les médaillons est bleu, semé de disques, remplis de fleurons cruciformes rouges, à cœur jaune et pétales bleus tréflés.

Quelques sujets manquent et plusieurs sont intervertis. Je dirai l'état actuel et proposerai une restitution, basée sur des analogues. La verrière tout entière doit être consacrée à la Passion et à la Résurrection du Sauveur ; cependant un médaillon transposé me ferait songer, pour continuer la vie arrêtée à l'enfance, au recouvrement au temple ; il faudrait alors lui donner comme pendant les Noces de Cana, et de la sorte nous aurions les deux panneaux actuellement remplacés par une allège.

1. *Recouvrement au temple* (n° 5). Ce sujet est douteux, car si les personnages conviennent à la scène, il faut avouer qu'ils ne sont pas nimbés et que l'enfant Jésus est chaussé, fautes graves en iconographie. Marie, en robe verte et voile blanc, est accompagnée de saint Joseph, en tunique verte et manteau bistre ; celui-ci pousse de la main en avant, comme pour le faire marcher, un enfant qui se détourne ; son geste et le mouvement de sa tête indiquent qu'il semble agir d'après un ordre intimé d'en haut. Devant eux est un double édifice, église et maison, le temple avec ses dépendances. Les fenêtres de la porte de cette église sont en rouge ; on voit une absidiole accolée au flanc méridional, à supposer l'église orientée.

2. J'y place les Noces de Cana qui n'existent pas.

3. *Entrée à Jérusalem* (n° 10). Des hommes se pressent aux portes de Jérusalem pour voir et acclamer le Sauveur.

4. *Suite* (n° 11). Le Christ, assis de côté sur un âne couvert d'habits, s'avance triomphalement. Il a une robe blanche et un manteau bleu, mais l'absence du nimbe et la chaussure des pieds sont tellement bizarres que j'ai peine à admettre ce panneau, qui pourrait, à en juger par

la bordure et le réticulé rouge à clous d'or du trèfle infé-
rieur, provenir de la légende de saint Maurille. Ce serait
alors l'entrée d'un roi. Les apôtres escortent leur maître,
des palmes à la main.

5. *Cène* (n° 3). Jésus-Christ est assis au bout d'une table,
longue et étroite, couverte d'une nappe réticulée et galonnée,
sur laquelle sont posés plusieurs pains. Son nimbe est
rouge croisé de blanc, sa tunique verte, son manteau rouge.
Il tient avec amour entre ses bras saint Jean, imberbe,
nimbé de jaune, qui dort sur sa poitrine. Les apôtres sont
debout ou assis : ils se distinguent par un nimbe rouge.

6. *Lavement des pieds* (n° 11). Jésus, agenouillé devant
saint Pierre, lui prend un pied pour le laver dans un bassin
de cuivre rouge ; l'apôtre s'y refuse et montre sa tête. Un
ange tient le linge blanc qui servira à essuyer les pieds.
Les apôtres sont debout ou assis. Le Christ a le nimbe
crucifère, qui lui est propre en signe de divinité.

7. *Arrestation du Christ*. Deux juifs, en jaquette courte,
armés de bâtons, s'avancent pour saisir Jésus. Saint Pierre,
pieds nus, nimbe rouge, robe verte, manteau bistre, la tête
tonsurée, prenant la défense de son maître, tire son glaive
pour couper une oreille à Malchus, jeune homme de petite
taille.

8. *Baiser de Judas* (n° 4). Le Christ est arrêté par des
soldats, en jaquette courte, verte ou jaune ; sur sa tunique
blanche il porte un manteau bistré, ses pieds sont nus et
son nimbe rouge est croisé de noir. Judas, vêtu d'une
tunique rouge et d'un manteau bleu, vient par derrière,
sournoisement, et baise Jésus à la joue. Sa figure est
hideuse ; ses pieds sont nus, parce qu'il conserve son
caractère d'apôtre, mais sa tête est dépourvue du nimbe,
car le traître a perdu la sainteté dont la lumière est
l'emblême.

9. 10. Ces médaillons manquant, nous trouvons à la Sainte-Chapelle, pour les remplacer, la *Flagellation* et le *Portement de Croix* (*Annal. arch.*, t. I, p. 14.)

11. *Crucifixion* (n°s 9, 10). La croix est un bois uni et plat, comme s'il avait été menuisé, mais de couleur verte, pour indiquer qu'il est l'arbre de vie et qu'un Dieu y est attaché[1]. La partie supérieure a été transportée dans le quatrefeuilles qui est entre les deux rangs de panneaux du bas : on y lit une moitié du titre NAZ | NVS, ce qui peut s'interpréter : IHS NAZ

ARENVS[2]

Jésus a autour de la tête un nimbe rouge, croisé de jaune. Ses bras sont étendus presque horizontalement ; le bras gauche a été restauré au xvie siècle. Un seul clou perce les pieds, disposés l'un sur l'autre en croix. Un linge blanc ceint les reins et forme presque jupon. Les deux astres surmontent le croisillon : le soleil, à droite, est un globe rouge et rayonnant ; la lune, un croissant blanc. Ce croissant a suivi le déplacement du titre qu'il avoisinait.

Les témoins ordinaires de la crucifixion sont Marie et saint Jean, debout à droite et à gauche de la croix. La Vierge, nimbe jaune, robe verte, manteau bleu remonté sur la tête, les pieds chaussés, porte sa main à sa figure en signe de tristesse. Saint Jean, imberbe, nimbe rouge, tunique blanche, manteau bistre, se voile la figure ou plutôt essuie ses larmes ; dans la main gauche il tient son évangile, dont la couverture jaune, rehaussée de cabochons, rappelle les pièces d'orfèvrerie du temps.

L'intérêt se concentre sur deux personnages symbo-

---

[1] « Lignum secundum humanitatem, viride autem secundum divinitatem, idest Deus et homo. » (Berengaudus, *in Apocalyps.*, mss. du xiie siècle, à la bibliothèque de la ville d'Angers, n° 75.)

[2] La croix d'Aribert. au dôme de Milan (xie siècle) porte IHS NAZARENVS REX IVDEOR et la couverture d'évangéliaire de la collection Brambilla, à Pavie (émail du xiiie siècle) : IHS XPS.

liques plus rapprochés du Sauveur. L'Église, couronnée parce qu'elle règne sur le monde, jeune et belle, la figure enveloppée et sa longue robe blanche [1] ceinte à la taille, pour exprimer sa chasteté [2], de la main gauche reçoit dans

[1] Dans l'Apocalypse, l'épouse est vêtue de blanc : « Uxor ejus præparavit se. Et datum est illi ut cooperiat se byssino splendido et candido. » (Apocalyps., XIX, 7-8.) Ici cette robe équivaut à l'aube sacerdotale dont voici le symbolisme :

« Tunica linea talaris omnium figurat castigationem membrorum. » (Ivo Carnoten., *Serm.* III.)

« Hæc linea manus et brachia debet stringere, ne quid nisi utile faciant ; pectus, ne quid inane cogitet ; ventrem, ne delicias ultrà modum appetendo, deum se gulosum facere præsumat ; subjecta ventri membra, ne lasciviendo totam sacerdotalis habitus pulchritudinem corrumpant ; genua, ne ab orationis instantia torpeant ; tibia et pedes, ne ad malum currant. » (Amalar., *de Eccles. officiis*, lib. II, c. 18.)

« Albam induit, quæ membris corporis convenienter apta, nihil superfluum aut dissolutum in vita sacerdotis, aut in ejus membris esse debere demonstrat. » (Durand., *Ration. divin. officior.*, lib. III, cap. 3)

« Quâ in re significatur quam munditiam candoris, quam præferunt in corpore debeant habere in mente. Tales enim Deum decet habere ministros. qui nullo carnis contaminentur contagio, sed plena mentis et corporis castitate præfulgeant. » (Ivo Carnot., *Serm.* II.)

« Proptereà altari albis induti assistunt, ut cœlestem vitam habeant, candidique ad hostias et immaculati accedant, mundi scilicet corpore et incorrupti pudore. » (S. Isidor., *de Eccles. offic.*, lib. II, c. 8.)

« Alba, ait S. Germanus in theoria rerum ecclesiasticarum, divinitatis splendorem indicat, et sacerdotis splendidam conversationem... Amplius ex Stephano, Ædduensi episcopo, alba designat gloriam Dominicæ resurrectionis ; ideoque induitur veste albâ, ut candidatione virtutum ostendatur ornandum esse novum sacerdotium. » (Durant., *de Ritib. Eccles.*, lib. II, c. 9.)

[2] « Alba cingulo stringitur, ut omnis voluptas carnalis adstricta intelligatur, dicente Domino : Sint lumbi vestri præcincti. » (Durand., *Ration. divin. officior.*, lib. II, c. 3.)

« Hæc vestis circa renes zonâ fortiùs adstringitur, ut castitas sacerdotis nullo incentivorum æstu dissolvatur. » (Ivo Carnot., *Serm.* III ; Hug. a S. Vict., *Erud. theol.*, lib. II, p. IV, c. 3.)

« Renes fortiter cingulo stringuntur. ut castigetur corpus, in servitutem redigatur, et impetus luxuriæ refrenetur. » (Durand., *Rat. div. offic.*, lib. III, c. 2.)

« Cincti ergo castitatis balteo, quod est insigne militiæ christianæ, fluxam carnis detruncemus ignaviam. » (S. Petr. Chrysolog., *Serm.* XXII.)

« Per cingulum, quo circa lumbos præcingitur. ut alba ne diffluat et gressum impediat, adstringitur, mentis custodia, vel conscientia accipitur, quâ luxuria restringitur et castitas cohibetur, ne ad carnalia dilabatur, et gressus bonorum operum impediatur. » (*Gemma animæ*, lib. I, c. III.)

« Cingulum est proprie indicium servitutis... Hinc principaliter, un calice le sang qui coule de la plaie du Sauveur, car elle a mission d'appliquer au genre humain les bienfaits de la rédemption[1], et de la droite s'appuie sur la hampe verte de son étendard jaune, timbré d'une croix noire, qui lui sert pour rallier les fidèles. Ce sang divin déborde de la coupe et, en tombant sur le Calvaire, atteint et revivifie Adam, qui se redresse demi-nu et tend vers Jésus des mains suppliantes pour témoigner de sa reconnaissance.

La plaie de la main gauche laisse tomber un long ruisseau de sang, sur Ève qui se lève, cherchant à se débarrasser de son linceul. (Elle a subi un déplacement comme le titre.)

La Synagogue, au côté gauche, habillée d'une robe verte sans ceinture, chaussée de souliers jaunes, renverse le calice du sacrifice, brise la hampe de son drapeau et laisse choir la couronne de sa tête : son règne est fini.

13. *Myrrophores* (n° 6). Les deux Maries, voilées et nimbées, un vase de parfums dans la main, gesticulent : elles se demandent comment elles pourront lever la pierre du sépulcre, qui est devant elles sous la forme d'un carré long, de couleur rouge, sur fond bleu.

Dominus lumbos nostros astringi jubet balteo castitatis, et totum carnis nostræ pendulum constringi mandat continua zonâ virtutis ; ut carne succinctâ ad Domini occursum liber, velox, expeditus nostræ mentis reddatur incessus. » (S. Petr. Chrysol., *Serm.* XXIV.)

« Cingulum nota est ministerii à Salvatore nostri causâ suscepti. » (Simeon Thessalon., *de Templo.*)

[1] Un manuscrit du xv° siècle rend compte en ces termes du symbolisme des attributs de l'Eglise et de la Synagogue :

« Sainte Yglise est vermeille, blanche comme un glaçon...
   Un chalice tenoit, de ce point ne doutez,
   Où li sans Jhésucrist vermaux est dégouttez,
   Du coté où li glaive li fut mis et boutez...
   D'autre part tint. . une blanche enseigne...
   Quel corone et ma dame de quoi fu coronée ?
             De jonc marin...
« Or vous dirai de l'autre qui fu gonfanonière
   Mult lonc temps, mes or est brisée la banière...
   Sa banière est brisée, quassées sont les tables. »

14. *Suite* (n° 12). Le tombeau est ouvert : de l'intérieur rouge sort un linceul blanc. Un ange, vêtu de blanc[1], une croix en main, nimbe jaune autour de la tête, est assis à l'extrémité : il annonce la résurrection à Madeleine, dont le manteau rouge lui sert de voile et qui est nimbée de jaune.

15. *Résurrection* (n° 8). Jésus sort du tombeau, les gardes sont effrayés et renversés à terre. Ce mode de résurrection me paraît insolite pour l'époque et j'ai des doutes sérieux sur le personnage principal.

16. On pourrait mettre en vis-à-vis, soit l'apparition à Madeleine, soit l'attouchement de saint Thomas, comme preuve immédiate de la résurrection.

[1] « In albis autem vestibus gaudium et solemnitas mentis ostenditur... Albæ et enim vestes exaltationi magis congruunt quàm humiliationi. » *Homil. S. Gregorii papæ XX, in Evangel. S. Marci.*)

www.ingramcontent.com/pod-product-compliance
Ingram Content Group UK Ltd.
Pitfield, Milton Keynes, MK11 3LW, UK
UKHW022247070726
13613UKWH00005B/2161